위기일발 지구를 구한

감동의
환경
운동가들

위기일발 지구를 구한
감동의 환경 운동가들

유다정 글 | 우지현 그림

사계절

차례

지구를 지킨 환경 운동가에 대해 알아보자! 6

미덕지 탐정의 첫 번째 탐구 인물, 레이첼 카슨 8
편지 한 장에서 시작된 환경 운동 10
    레이첼 카슨의 주요 활동 내역 11
새소리가 사라진 봄날 15
    레이첼 카슨의 토막 인터뷰 17
환경을 생각하기 시작한 사람들 20
    레이첼 카슨의 한마디 21
한 걸음 더! 레이첼 카슨 24
    레이첼 카슨의 관련 자료를 분석하자! 25

미덕지 탐정의 두 번째 탐구 인물, 왕가리 마타이 28
나무를 심자! 30
    왕가리 마타이의 주요 활동 내역 31
모든 것은 나무 한 그루에서 34
    왕가리 마타이의 토막 인터뷰 35
공원을 밀어 버린다고? 39
    왕가리 마타이의 한마디 41
한 걸음 더! 왕가리 마타이 44
    왕가리 마타이의 관련 자료를 분석하자! 45

미덕지 탐정의 세 번째 탐구 인물, 존 뮤어 48
자연 그대로! 50
존 뮤어의 주요 활동 내역 51
아름다운 요세미티를 지키자! 54
존 뮤어의 토막 인터뷰 55
국립 공원으로 지정해 주세요! 58
존 뮤어의 한마디 59
한 걸음 더! 존 뮤어 62
존 뮤어의 관련 자료를 분석하자! 63

미덕지 탐정의 네 번째 탐구 인물, 제인 구달 66
침팬지의 친구 제인 68
제인 구달의 주요 활동 내역 69
침팬지가 너무 궁금해! 72
제인 구달의 토막 인터뷰 73
동물을 보호합시다! 77
제인 구달의 한마디 79
한 걸음 더! 제인 구달 82
제인 구달의 관련 자료를 분석하자! 83

책을 읽고 나서 86

지구를 지킨 환경 운동가에 대해 알아보자!

미덕지 탐정의 첫 번째 탐구 인물

레이첼 카슨

출생 날짜: 1907년 5월 27일~1964년 4월 14일
출생 지역: 미국 펜실베이니아주
직업: 해양 생물학자, 작가
주요 수상 내역: 미국 자유 훈장(1980년)

레이첼 카슨의 주요 키워드

- 행동력
- 결단력
- 꼼꼼함
- 설득력

살충제의 위험을 알리기 위해 어디든 달려가는 튼튼한 다리, 세세하게 살피는 두 눈에 주목하라!

레이첼 카슨이 지구에 끼친 영향

동물과 식물의 체내에 디디티(DDT) 독이 적게 쌓이게 되었다.

더 많은 사람이 건강하게 살게 되었다.

레이첼 카슨에 대해 좀 더 자세히 알려 줄게.

 편지 한 장에서 시작된 환경 운동

나의 친구 레이첼에게

레이첼, 얼마 전 정부에서 모기를 잡겠다고 숲에 살충제 디디티(DDT)를 엄청나게 뿌렸어. 그런데 그날 이후 내가 기르던 새들이 하나둘 죽기 시작하더니 며칠이 지나자 숲에 사는 새들마저 거의 다 죽었어. 마을 여기저기에 새의 사체들이 널려 있었다니까.

살충제 때문인 것 같아 정부에 가서 말했더니 허튼소리 하지 말라는 거야. 그럼 도대체 새들이 왜 죽었을까?

네가 조사해 보고, 더는 살충제를 뿌리지 못하게 해 주면 정말 고맙겠어.

새가 죽어 슬픈 허긴스가

레이첼의 친구 엘머 허긴스는 숲이 우거진 곳에서 새를 연구하던 조류학자인데 정부에서 살충제를 뿌린 뒤 자신이 기르던 새들과 숲에 살던 새들이 죽었다고 레이첼에게 편지를 보낸 거야. 새를 연구하는 사람인데 새가 다 죽었으니 얼

★주요 활동 내역★

레이첼 카슨, 지구 환경 문제를 알리다!

① 1955년, 북아메리카 해변의 자연사와 환경오염에 대해 쓴 책 《바다의 가장자리(The Edge of the Sea)》로 베스트셀러 작가가 되었다.

② 1962년, 《침묵의 봄(Silent Spring)》이라는 책을 통해 디디티의 오염 문제를 세계 사람들에게 알렸다.

③ 1963년, 의회에서 디디티 사용의 위험에 대해 이야기하고 인간의 건강과 환경 보호를 위한 새로운 정책 마련을 주장했다.

레이첼 카슨은 지구 환경을 지키기 위해 이런저런 노력을 굉장히 많이 했어!

마나 속상했겠어? 그래서 정부에서 일하는 레이첼에게 살충제를 뿌리지 못하게 막아 달라고 부탁한 거지. 레이첼이 숲을 사랑하고 귀하게 여긴다는 걸 알고 있었으니까.

레이첼은 친구의 편지를 받고 곰곰이 생각했어. 사실은 친구의 편지를 받기 전부터 살충제가 자연환경에 나쁜 영향을 주지 않을까 생각하고 있었거든.

살충제 디디티는 스위스에 사는 뮐러라는 사람이 개발했어. 그는 디디티를 개발하고 기뻐 소리쳤어.

"값도 싸고, 냄새도 안 나. 이건 최고의 살충제야!"

그가 바란 대로 디디티는 독성이 강해서 뿌리기만 하면 바닥에서 꼬물거리는 벌레부터 하늘을 날아다니는 잠자리나

나방까지 한꺼번에 싹 죽일 수 있었어.

농부들은 벼를 심어 놓은 논에 디디티를 흠뻑 뿌렸어. 통통하게 잘 여문 곡식을 많이 수확하고 싶었으니까. 감자밭에도 뿌리고, 고추밭에도 뿌리고…….

정부에서는 헬리콥터를 이용해 물이 고여 있는 웅덩이나 나무가 우거진 숲에 디디티를 흠뻑 뿌렸어. 사람에게 해를

입히는 모기 같은 곤충을 죽이려고 말이야.

디디티가 식물이나 사람에게 나쁜 영향을 주지 않는다고 믿었기에 디디티 사용량은 날이 갈수록 늘어났어.

'디디티가 곤충만 골라 죽이는 게 가능한 일일까? 허긴스가 생각한 것처럼 새가 곤충을 먹고 죽은 것일까? 사람이 그 새를 먹으면 어떻게 될까? 디디티가 강물을 오염시키지는 않을까? 땅은 괜찮을까? 이 모든 게 연결되어 있을 것 같은데…….'

레이첼은 생각할수록 무언가 잘못되었단 느낌을 지울 수 없었어. 그래서 직장도 그만두고 살충제에 대한 자료를 최대한 모아 꼼꼼하게 살펴보고 정리했어. 살충제를 언제 어디에 뿌렸고, 뿌리고 나서 어떤 일이 생겼는지도 샅샅이 조사하고 정리해 두었어. 숲의 환경이나 곤충의 생태, 야생 동물의 먹이와 서식지, 인간과의 관계 등도 연구하고, 호수, 숲, 습지에 직접 가서 실험해 보기도 했지. 그러고 나서 결단을 내렸어.

"모두에게 진실을 알려야 해!"

새소리가 사라진 봄날

레이첼은 조사하고 정리한 자료를 바탕으로 디디티를 마구 뿌렸을 때 벌어지는 일에 대해 글을 썼어. 책을 통해 살충제의 피해를 알리려 한 거야. 쓴 글을 꼼꼼하게 고치고, 맞는지 확인하느라 몇 년이나 걸렸지.

"이제 끝났어!"

1962년, 드디어 레이첼은 《침묵의 봄》이라는 책을 완성했단다. '침묵의 봄'이란 봄이 되어도 새가 울지 않는다는 뜻이야. 《침묵의 봄》이야기는 모든 것이 아름다운 한 마을에서 시작돼. 봄이면 고운 새소리가 정겹고, 여름이면 푸른 숲에서 야생 동물들이 신나게 뛰놀고, 가을이면 단풍이 곱게 물드는 아름다운 곳이지. 겨울에는 철새들이 무리를 지어 날아들고 말이야.

그런데 어느 날 원인을 알 수 없는 병이 온 마을을 뒤덮었어. 노래하던 새들이 죽고, 소나 양도 떼로 병에 걸려 시름시름 앓다 죽었어. 그뿐 아니라 건강하던 아이가 병에 걸려 죽는 일까지 생겼어. 마치 마을 전체에 죽음의 그림자가 드

리워진 것 같았지. 아름다운 마을이 왜 이렇게 되었을까? 헬리콥터를 이용해 숲과 마을 전체에 살충제를 마구 뿌려 댔기 때문이야.

레이첼은 사람들이 가상의 마을을 통해 살충제의 피해를 쉽게 알 수 있도록 이야기를 만들었어.

강이나 호수에 살충제를 뿌리면 물에 독이 녹아. 그럼 물고기들이 죽지. 강이나 호수의 물은 사람이 먹기도 하는데…….

숲에 살충제를 뿌리면 나무나 풀에 독이 묻어. 독이 묻은 이파리를 벌레가 먹고 죽어. 독 때문에 죽은 벌레를 배고픈 새가 먹으면 결국 새도 죽지. 늑대나 여우가 그 새를 먹으면 역시 죽게 돼.

땅에 살충제를 뿌리면 독이 땅속으로 스며들어. 그럼 흙 속에 살면서 땅을 기름지게 하는 박테리아나 톡토기, 지렁이가 독 때문에 죽어. 농작물도 독 때문에 자라지 못해.

레이첼은 살충제를 계속 사용하면 지구가 서서히 죽어 갈 거라고 했어. 해충을 죽이는 다른 방법을 찾아야 한다고 주장했지.

그런데 책이 출판되기까지 어려운 일이 아주 많았어. 살

레이첼 카슨의 토막 인터뷰

《침묵의 봄》을 통해 사람들에게 특히 알리고 싶었던 부분이 있나요?

새로운 과학 기술을 우리 생활에 적용할 때, 환경에 끼치는 영향에 대해 충분히 검토해야 한다는 점을 알리고 싶었어요. 그 기술이 인간의 삶과 환경에 어떤 영향을 끼치는지 끊임없이 관심을 기울여야 해요.

역시 편리한 게 꼭 좋은 것만은 아니야.

충제를 파는 회사에서 책을 내지 말라고 협박하기도 하고, 레이첼이 암에 걸리기도 했거든. 그래도 레이첼은 포기하지 않았어. 자연은 한번 망가지면 되돌리기 어렵다는 걸 잘 알고 있었으니까.

책이 출판되자 살충제로 돈을 버는 사람들은 코웃음 치며 레이첼을 비난했지. 하지만 많은 사람이 《침묵의 봄》을 읽고 놀라움과 화를 감추지 못했어.

"살충제가 기적의 약이라더니 죽음의 약이었어?"

"정부가 국민을 감쪽같이 속이다니……!"

"이대로는 안 돼! 우리가 직접 나섭시다!"

 환경을 생각하기 시작한 사람들

《침묵의 봄》은 인기가 아주 좋았어. 하루하루 엄청나게 많은 책이 팔려 나갔거든. 그만큼 많은 사람이 책을 읽은 거야.

"레이첼 카슨, 텔레비전에 나와서 《침묵의 봄》에 관해 이야기해 주세요."

레이첼은 암과 싸우느라 지쳤지만 텔레비전 출연을 기꺼이 받아들였어. 방송에서 레이첼은 《침묵의 봄》에 대해 비난하는 사람들과 열띤 토론을 벌였지. 아픈 몸을 이끌고 먼 곳까지 강연을 가기도 했어. 어려움 속에서도 자신의 주장을 굽히지 않은 거야. 옳은 일이라고 확신했으니까. 레이첼의 이런 노력 덕분에 《침묵의 봄》은 영화로도 만들어졌단다. 영화 역시 인기를 끌면서 환경에 관심을 가지고 레이첼을 지지하는 사람이 갈수록 늘었어. 여러 곳에서 환경을 위한 크고 작은 모임이 만들어졌지.

"살충제에 대해 정확히 조사해 국민에게 알려 주시오!"

"살충제를 함부로 쓰지 못하게 법으로 막아 주시오!"

환경 단체가 정부에 강력하게 요구하기에 이르렀어. 결국

정부에서 환경 보호를 위해 살충제 사용을 못 하게 막고, 살충제 단속법도 만들고, 환경과 관련된 일을 할 수 있도록 환경 보호청도 만들었어. 그뿐 아니라 1970년 4월 22일에는 지구 환경을 보호하기 위해 '지구의 날'을 만들었단다. 우리가 살고 있는 땅과 하늘을 오래도록 깨끗하게 보존해 후손에게 물려줘야 하니까.

그런데 레이첼은 지구의 날이 만들어지는 것을 보지 못했어. 《침묵의 봄》이 책으로 나오고 나서 2년 뒤 세상을 떠났거든.

환경의 소중함을 가르쳐 준 레이첼 덕분에 많은 사람이 환경에 관심을 갖게 되었고, 환경 단체를 만들어 활동을 시작했어. 세월이 지날수록 환경 단체는 더 많아졌지. 지금도 지구 환경을 지키기 위해 환경 운동에 힘쓰고 있는 단체들이 아주 많단다. 다 레이첼 덕분이야!

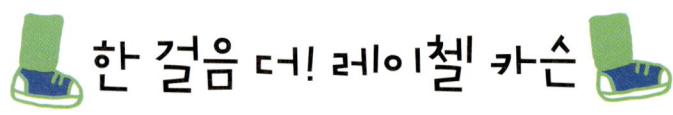 한 걸음 더! 레이첼 카슨

🙂 "응애응애, 응애……. 나 태어났어요!"

1907년 레이첼 카슨이 미국의 작은 마을에서 태어났어. 레이첼은 사과나무와 배나무가 자라는 과수원이 딸린 집에서 엄마, 아빠의 사랑을 듬뿍 받으며 자랐어. 레이첼은 축사에 아장아장 걸어가서 동물들 보는 걸 좋아했어.

🦋 "자연은 내 친구야!"

꼬마가 된 레이첼은 날마다 엄마 손을 잡고 숲을 산책했어. 그때마다 엄마는 모든 생명이 소중하다며 작은 벌레도 함부로 죽이지 말라고 가르쳤어. 그래서 작은 곤충을 잡아 관찰하고 나서 꼭 숲에 놓아주었지.

✏️ "난 작가가 될래!"

어느 날 레이첼은 전쟁터에 나가 있는 오빠한테 편지를 받고, 편지 내용을 바탕으로 이야기를 꾸며 유명한 잡지사에 보냈어. 레이첼은 글쓰기를 참 좋아했거든. 그런데 레이

레이첼 카슨의 관련 자료를 분석하자!

❶ 1940년의 레이첼 카슨

❷ 1951년, 한국의 모기 퇴치를 위해 미군이 비행기에 디디티를 싣고 있다.

레이첼 카슨이 아니었다면 많은 사람들이 디디티 때문에 목숨을 잃었을 거야.

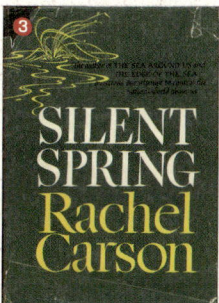

❸ 1962년, 《침묵의 봄》이 출간되자 많은 사람들이 레이첼 카슨이 과학 기술의 발전을 막는다며 비난했다.

❹ 1940~1950년대에 널리 쓰이던 디디티 스프레이

첼이 쓴 글이 잡지에 실렸단다. 꼬마 작가가 된 거야.

 "문학도 좋지만 과학이 더 좋아졌어!"

레이첼은 작가가 되기 위해 대학에서 문학을 공부했는데 언제부터인가 과학이 자꾸만 좋아지는 거야. 깊이 고민한 뒤 레이첼은 과학을 전문적으로 공부하기로 마음먹었어.

 "내가 책을 냈어. 《우리를 둘러싼 바다》!"

생물을 연구하면서도 글쓰기를 멈추지 않았던 레이첼은 1951년, 《우리를 둘러싼 바다(The Sea Around Us)》라는 책을 펴냈어. 이 책에는 바다가 어떻게 생겨났고, 그곳에서 최초의 생명이 어떻게 탄생했는지, 얼마나 많은 생물이 있고, 어떤 방식으로 살아가는지 등 신비하고 흥미로운 이야기들이 담겨 있단다.

"너무 힘들어. 그래도 포기하지 않을 거야!"

레이첼은 암과 싸우는 고통 속에서 《침묵의 봄》을 썼어. 그리고 숨을 거두는 순간까지 살충제의 진실과 환경 보호의 중요성을 알리기 위해 최선을 다했어.

미덕지 탐정의 두 번째 탐구 인물

왕가리 마타이

출생 날짜: 1940년 4월 1일~2011년 9월 25일
출생 지역: 케냐 중앙 고원 지대 이히테
직업: 생물학자, 환경 운동가, 여성 인권 운동가
특이 사항: 그린벨트 운동의 창시자, 동·중앙 아프리카 최초의 여성 박사
주요 수상 내역: 바른생활상(1984년), 골드먼 환경상(1991년), 아프리카상(1991년), 노벨 평화상(2004년)

왕가리 마타이의 주요 키워드

지구 환경과 여성의 고충을 덜기 위해 수천만 그루의 나무를 심은 두 손에 집중하라!

- 용기
- 끈기
- 신념
- 문제 해결력

왕가리 마타이가 지구에 끼친 영향

지구에 나무가 늘어 공기가 깨끗해졌다.

홍수나 산사태, 사막화 등의 자연재해가 줄었다.

땔감과 농작물이 늘고 야생 동물도 많아졌다.

자, 그럼 왕가리 마타이가 어떤 환경 운동을 펼쳤는지 살펴볼까?

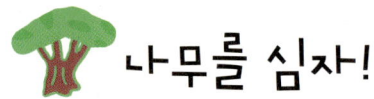 나무를 심자!

"잠시 후 케냐 나이로비 공항에 착륙할 예정입니다. 모두 자리에 앉아 안전띠를 매 주시기 바랍니다."

1966년 1월 6일, 왕가리 마타이는 미국에서 출발한 비행기를 타고 고국 케냐로 돌아왔어. 미국으로 유학을 떠난 지 6년 만의 일이었지. 그동안 왕가리는 미국의 대학교에서 생명을 가지고 살아가는 것들에 대해 공부하며 많은 걸 보고 느꼈어.

"음, 내가 사랑하는 케냐! 돌아와서 참 좋다!"

왕가리는 공항에서 사랑하는 가족을 만나 얼싸안고 기뻐했지. 그러고는 고향 집으로 가는 차를 탔어.

'우리 마을은 울창한 숲에 둘러싸여 있어서 참 좋지.'

고향 마을에 도착하고서야 잠에서 깬 왕가리는 깜짝 놀랐어. 예전 모습이 온데간데없이 사라져 버렸기 때문이야. 마을을 둘러싸고 있던 울창한 숲은 저만치 멀어져 있고, 우기 때 친구들과 깔깔거리며 수영하던 시냇물도 사라지고, 옥수수와 바나나가 잘 자라던 땅도 메말라 먼지가 풀풀 날리고

★ 주요 활동 내역 ★

왕가리 마타이, 나무들의 어머니!

❶ 나무를 초록색 띠처럼 줄지어 심자는 그린벨트 운동에 수많은 사람이 참여하게 이끌었다.

❷ 정부에서 케냐 도심에 있는 공원의 나무를 베어 내고, 오래된 카루라 숲을 파괴하려는 걸 목숨 걸고 막아 냈다.

❸ 아프리카 여성 최초로 노벨 평화상을 받았다 (상금으로 받은 돈은 모두 나무 심는 데 사용했다).

왕가리 마타이가 얼마나 나무를 아끼고 사랑했는지 느껴져.

있었으니까.

 차에서 내린 왕가리는 나무를 베어 낸 차밭에 우두커니 서서 눈물을 흘렸단다.

 '시냇물이 말랐으니 물 길으러 몇 시간을 걸어야 할 거야. 숲이 저렇게 멀어져서 땔감은 또 어떻게 구하지? 아름답던 마을을 누가 이렇게 망쳐 놨을까? 나무는 모든 생명의 시작인데······.'

고향 마을의 달라진 환경에 충격을 받은 왕가리는 다른 곳도 둘러보기로 했어.

'도대체 왜 이렇게 되었을까? 나무가 사라지면서 모든 것이 사라졌어. 숲이 사라지고, 나비가 사라지고, 표범도 사라지고, 원숭이도 사라지고……. 난 나라의 도움으로 미국에서 공부할 수 있었어. 나도 나라를 위해 무언가 해야겠어. 그건 바로 나무를 심는 거야!'

왕가리는 나무의 소중함을 알리기로 마음먹었어.

 모든 것은 나무 한 그루에서

"모든 것은 나무 한 그루에서 시작됩니다. 나무가 있어야 열매도 얻을 수 있고, 나무뿌리가 물을 잡아 주어 물이 마르지 않고요. 흙이 기름져지고, 땔감도 구할 수 있어요. 야생 동물도 살 수 있고, 공기가 맑아지고요. 나무는 우리 삶의 중심이며 미래입니다."

왕가리는 정부에서 일하는 사람들을 만나고 여러 차례 편지를 보내 나무의 소중한 가치를 알리려 노력했어. 신문에 글을 싣기도 했지. 하지만 먹고살기 바빴던 사람들은 나무 심는 일에 별 관심을 보이지 않았어. 너무 가난해 다른 일에 신경 쓸 여유가 없었던 거지.

왕가리는 어떡하면 나무를 많이 심을 수 있을지 고민하다 버려진 땅에 묘목장을 만들고 씨앗을 뿌렸어. 싹이 터 어린 나무로 자라면 숲에 옮겨 심으려고 한 거지.

왕가리는 날마다 묘목장에 가서 한 그루의 나무가 모든 것의 시작이라며 나무 심는 법을 가르쳐 주고, 잘 키울 수 있도록 도와주었어.

왕가리 마타이의 토막 인터뷰

많은 사람들에게 위협을 당하는 상황에서도 나무 심기 운동을 했던 이유는 무엇인가요?

벌새가 사는 숲에 불이 났다고 생각해 보세요. 아마도 벌새는 부리로 물을 물어다 불타는 숲에 뿌릴 거예요. 그까짓 벌새의 물 한 모금이 숲을 구하지는 못하겠지만 벌새로서는 최선을 다하는 거지요. 그런 벌새를 닮고 싶었어요.

작은 일에도 최선을 다해야겠어.

왕가리는 나무를 심는 사람에게 약간의 돈을 주기도 했어. 더 많은 사람이 참여할 수 있도록 한 거야. 그러자 묘목장에서 일하는 사람이 자꾸 늘어났어. 그런데 돈이 너무 많이 드는 거야. 씨앗도 사야 하고, 나무 심는 사람에게 돈도 줘야 하니까. 얼마 못 가 왕가리는 빈털터리가 되었단다. 하지만 포기할 수 없었지. 왕가리는 케냐에서 활동하고 있는 여성 단체를 찾아가 나무 심는 일을 도와 달라고 사정했어.

"숲이 중요한 건 알겠는데 그게 여성과 무슨 관계가 있죠? 여기는 케냐 여성을 위해 일하는 곳이에요."

여성 단체는 단체의 뜻과 맞지 않다며 시큰둥했단다.

"지금 여성이 얼마나 힘든 삶을 살고 있는지 아세요? 나무가 자꾸 줄어 땔감을 구하러 몇 시간씩 헤매고 다녀요. 그마저 부족해 추워도 불을 때지 못하고, 요리도 제대로 하지

못한다고요. 또 가족이 먹을 물을 길어 오기 위해 무거운 물동이를 이고 얼마나 먼 길을 걸어야 하는데요. 물이 부족해 씻기도 어렵고, 빨래하기도 어려워요. 마을 가까이 나무가 많으면 땔감 구하기도 쉽고, 마을에 있는 냇물도 마르지 않아요. 지금 여성을 위하는 일 중에 가장 중요한 것이 나무 심기예요. 제발 케냐 여성을 도와주십시오!"

결국 여성 단체는 왕가리를 돕기로 했단다. 왕가리의 진심이 통한 거야. 여성 단체와 함께하면서 나무 심기 운동은 '그린벨트'라는 이름을 달고 케냐 전국으로 퍼져 나갔어. 그린벨트는 나무를 많이 심으면 초록 띠가 만들어진다는 의미로 붙여진 이름이야. 왕가리는 케냐를 위해, 지구를 위해 열심히 그린벨트 운동을 했어.

그린벨트에 참여하는 여성의 수는 날이 갈수록 늘어났어. 열댓 명으로 시작했는데 금세 수십 명이 되고, 수백 명이 되고, 수십만 명이 되었거든.

왕가리의 나무 사랑이 세계로 전해지면서 유엔이나 국제기구에서도 도움의 손길을 내밀었어. 그 덕분에 그린벨트는 더욱 길고 넓어졌단다.

공원을 밀어 버린다고?

어느 날 한 소년이 왕가리가 일하는 사무실로 들어왔어. 슬픈 얼굴을 하고서 말이야.

"선생님, 전 우후루 공원이 참 좋아요. 그런데 사람들이 우후루 공원의 나무를 베어 내고 그곳에 60층이나 되는 건물을 지을 거래요. 대통령 동상도 세우고요. 선생님, 제발 우후루 공원을 지켜 주세요!"

"뭐라고? 그게 사실이라면 최선을 다해 막을게."

조사해 보니 소년의 말이 사실이었어. 왕가리는 곧바로 자신과 뜻을 같이하는 사람들을 모았어.

왕가리는 정부에 편지도 보내고, 높은 사람을 만나 설득하고 사정하기도 했어. 하지만 그들은 들은 체도 안 했단다. 그래도 왕가리는 포기하지 않았어. 신문사에 글을 써 보내고, 방송에 나가 이야기하고, 국제단체나 유명한 정치인에게 우후루 공원 개발을 멈출 수 있게 도와 달라고 호소했지.

왕가리의 활동이 활발해질수록 정부에서는 왕가리를 못마땅하게 생각했어.

"왕가리 마타이를 잡아 감옥에 가두시오!"

대통령은 자기 뜻에 따르지 않는 왕가리를 감옥에 가두고 협박했어. 그래도 왕가리는 포기하지 않고 외쳤단다.

"나무는 우리의 미래입니다. 함부로 베지 마세요!"

왕가리의 외침이 세계로 알려지자 다른 나라 사람들도 케냐 정부를 비난하고, 공원 개발을 멈추라고 목소리를 높였어. 결국 정부는 공원 개발을 포기하고 왕가리를 풀어 줬지.

그런데 어느 날 왕가리는 또 다른 소식을 들었어. 멀리 북쪽에 있는 울창한 카루라 숲을 밀어 버린다는 거야. 정부가 멋대로 숲을 한 회사에 팔았고, 그 회사는 나무를 베어서 판 다음 그곳에 집을 지어 큰돈을 벌 계획이었어. 왕가리는 곧장 카루라 숲으로 달려갔어.

"나무가 사라지면 우리는 모든 것을 잃을 거예요. 제발 나무를 베지 마세요!"

왕가리가 간절하게 외쳤지만 나무는 날마다 쓰러지고, 잘려 나갔어. 회사에서 공사를 멈추지 않았거든.

왕가리는 그린벨트 운동을 하는 사람들과 나무가 베여 나간 곳으로 당당하게 걸어갔어. 한 손엔 작은 나무가, 다른 손엔 괭이가 들려 있었지. 그들은 나무가 베인 곳에 작은 나

왕가리 마타이의 한마디

> "지금 우리가 보고 있는 나무는
> 오래전 누군가 심어 놓은 나무입니다.
> 지금 우리가 심는 나무는
> 먼 훗날의 아이들을 위한 것입니다."

왕가리 마타이가 그린벨트 운동을 하면서 늘 했던 말이야.

무를 다시 심었단다. 며칠 동안이나! 그러다 경찰한테 잡혀 고문을 당하고, 머리에 돌을 맞고 병원에 실려 가기도 했지. 그래도 왕가리는 뜻을 굽히지 않았어. 머리에서 피가 흐르는데도 그냥 붕대만 칭칭 감고서 다시 카루라 숲으로 갔어.

"나무 한 그루가 우리를, 나라를, 지구를 살립니다!"

왕가리는 힘주어 말하며 나무를 심었어. 그 모습이 방송을 통해 널리 알려지자 그를 지지하는 사람들이 늘어났어. 수많은 사람이 케냐 정부를 비난하며 카루라 숲의 개발을 멈추라고 요구했고, 결국 그렇게 되었단다.

왕가리가 아름다운 우후루 공원과 카루라 숲을 지켜 낸 거야. 이렇게 그린벨트 운동을 하면서 심은 나무가 무려 3000만 그루도 넘는단다.

한 걸음 더! 왕가리 마타이

 "야호! 나도 학교에 갈 수 있다!"

　작은 마을에서 태어난 왕가리는 학교에 가는 대신 엄마를 도와 밭일을 하고, 물을 길으러 다녔지. 당시 케냐에서는 온 가족이 돈을 벌어야 먹고살 수 있었거든. 특히 여자아이는 학교에 보내지 않았어.

 "왕가리는 왜 학교에 안 가요?"

　어느 날 왕가리 오빠가 엄마에게 물은 거야. 그 말을 들은 엄마는 고민 끝에 왕가리도 학교에 보내기로 마음먹었단다. 그렇게 학교에 다니게 된 왕가리는 열심히 공부해서 성적이 늘 좋았지. 덕분에 케냐에서 고등학교까지 마칠 수 있었고, 장학생으로 뽑혀 미국에서도 공부할 수 있었단다.

 "독재하는 대통령은 물러가라!"

　왕가리가 그린벨트 운동을 할 당시 다니엘 아랍 모이 대통령이 제멋대로 독재를 하는 거야. 왕가리는 나무 심기를 계속

왕가리 마타이의 관련 자료를 분석하자!

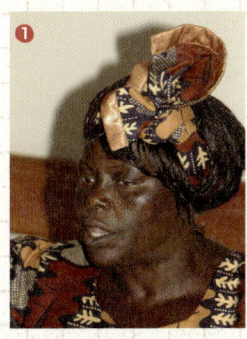

❶ 2006년의 왕가리 마타이
❷ 2006년 3월 케냐 인권 위원회에서 상을 받은 왕가리 마타이

❸ 왕가리 마타이 덕분에 보존되고 있는 우후루 공원
❹ 카루라 숲
❺ 왕가리 마타이가 졸업한 피츠버그 대학교는 2014년, 왕가리 마타이를 기리기 위해 마타이 나무를 심고 정원을 만들었다.

왕가리 마타이 덕분에 지구의 공기가 맑아졌어.

하면서 나라를 자기 마음대로 다스리는 모이 대통령이 물러나야 한다고 전 세계에 호소했어. 그러다 감옥에 갇히고, 협박당하고, 다른 나라로 몸을 숨기기도 했어. 하지만 왕가리는 모이 대통령의 잘못을 계속 주장했고, 결국 모이 대통령은 자리에서 물러났단다. 왕가리가 민주주의도 지켜 낸 거야.

 "첫 번째라고?"

왕가리를 말할 때 첫 번째인 것이 참 많아. 케냐의 여성 중에 첫 번째로 미국 유학을 한 학생이고, 첫 번째로 박사 학위를 받은 여성이거든. 또 케냐의 국립 대학 첫 번째 여성 교수. 그뿐 아니라 2004년, 아프리카 여성 최초로 노벨 평화상까지 받았어.

 "이제 그만 나무들 곁에 누워야지."

케냐 사람들은 왕가리를 '마마 키티'라고 불렀어. 케냐 말로 '나무들의 어머니'란 뜻이지. 나무들의 어머니 왕가리는 2011년 9월 25일에 세상을 떠났어. 많은 사람의 존경을 받은 왕가리는 자신이 사랑하던 무화과나무 곁에 편히 잠들었단다.

미덕지 탐정의 세 번째 탐구 인물

존 뮤어

출생 날짜: 1838년 4월 21일~1914년 12월 24일
출생 지역: 스코틀랜드 던바(11세에 미국으로 이민)
　　직업: 발명가, 탐험가
특이 사항: 존 뮤어 이름을 딴 산길이 있음.
　　　　　환경 운동 단체 '시에라 클럽'을 만듦.

존 뮤어의 주요 키워드

- 호기심
- 끈기
- 상상력
- 탐험 정신

자연 그 자체를 상징하듯이 자르지 않고 무성하게 기른 수염을 유심히 살펴볼 것!

존 뮤어가 지구에 끼친 영향

수많은 사람들에게 숲의 소중함을 깨닫게 해 주었다.

숲을 보호해 원시 상태 그대로의 자연을 아이들에게 물려줄 수 있게 되었다.

사람들에게 아름다운 숲을 거닐 수 있는 기회를 주었다.

구체적으로 무슨 일을 했는지 알고 싶어요!

알았어. 같이 알아보자고!

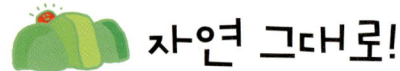 **자연 그대로!**

파란 하늘 향해 쭉쭉 뻗은 전나무 사이로 가느다란 빛줄기들이 쏟아져 내리는 아침. 존 뮤어는 두 팔을 활짝 벌리고 숨을 깊이 들이마시며 말했어.

"우아, 정말 아름다워! 세상에 이보다 더 아름다운 곳이 있을까? 요세미티는 천국이야, 천국!"

존 뮤어가 천국이라고 말한 요세미티는 미국 서쪽에 있는 산으로 제주도보다 세 배나 크고 아주 웅장하지.

엄청나게 커다란 바위가 지붕처럼 솟아 있는 곳. 아슬아슬 가파른 절벽, 수천 년을 자란 세쿼이아나무, 콰르르 촤아악 물보라를 일으키며 떨어져 내리는 폭포는 또 어떻고. 빙하가 녹아 흐르는 차가운 물길 따라 곳곳에 생겨난 거울처럼 맑은 호수! '곰 조심' 팻말 사이를 유유히 걸어 다니는 곰, 귀여운 사슴, 다람쥐…….

요세미티에 홀딱 반한 존 뮤어는 그곳에 집을 짓고 살면서 양을 키우기도 하고, 제재소를 운영하기도 했어. 제재소는 커다란 통나무를 크기별로 잘라서 파는 곳이지만 존 뮤

★ 주요 활동 내역 ★

존 뮤어, 자연을 있는 그대로!

❶ 정부에 줄기차게 요청하여 1890년 요세미티가 국립 공원으로 지정되도록 했다.

❷ 1892년, 환경 운동 단체 '시에라 클럽'을 창립했다. 시에라 클럽은 자연을 보호하기 위해 정부 기관과 정치가에게 이런저런 건의를 했다. 지금도 활발히 활동하고 있다.

무엇이든 꾸준히 실천하는 게 제일이지!

어는 살아 있는 나무는 한 그루도 베지 않았단다. 아름다운 자연을 망가뜨리고 싶지 않았거든.

존 뮤어는 요세미티에 사는 동안 날마다 변하는 날씨를 관찰하고, 밤늦도록 별을 보고, 새소리와 바람 소리를 듣고, 바위 뒤에 숨어서 곰을 살피기도 했어. 납작 엎드려 호수의 물을 마셔 보고, 바위에 누워 낮잠을 즐기기도 했지. 식물을 채집하고, 그림과 글로 꼼꼼하게 기록했어. 날마다 일기도 썼고. 글 쓰는 것을 무척 좋아했거든. 지루할 틈이 없었지.

호기심이 많은 존 뮤어는 어느 날 알래스카로 탐험을 떠났다가 마음에 딱 드는 여인을 만나 결혼을 하고, 아이를 낳았어. 그러느라 알래스카에서 여러 해를 살았지. 그런데 요세미티가 너무 그리운 거야. 결국 존 뮤어는 오랜만에 다시 요세미티를 찾았단다.

"아, 안 돼!"

존 뮤어는 요세미티를 보고 슬픔에 빠졌단다. 아름드리나무가 자라던 곳에 농작물이 자라고, 차가운 물이 졸졸 흐르는 골짜기 곳곳에 양과 소를 키우는 축사가 들어서 있었거든. 돈을 벌고 싶은 사람들이 요세미티의 숲을 파괴하고 있었던 거야.

 아름다운 요세미티를 지키자!

"요세미티가 파괴되는 걸 보고만 있을 순 없어!"

존 뮤어는 요세미티를 지키기 위해 국립 공원으로 만들기로 작정하고 여러 가지 일을 했어. 가장 먼저 요세미티가 얼마나 아름답고 특별한 곳인지 글로 나타냈어. 존 뮤어의 글이 여러 곳에 실리면서 많은 사람이 요세미티에 대해 알게 되었어. 그러자 존 뮤어는 요세미티를 국립 공원으로 지정해야 한다고 강력하게 주장했어. 하지만 존 뮤어의 뜻에 반대하는 사람들도 있었단다. 그들은 존 뮤어를 헐뜯고, 양심 없는 사람이라고 깎아내렸어. 존 뮤어가 제재소를 하는 동안 요세미티의 나무를 많이 베었을 거라고 생각했거든. 그럴수록 존 뮤어는 더 많은 사람에게 자연 보호를 이야기했단다.

"내가 제재소를 운영한 것은 맞지만 난 단 한 그루도 살아 있는 나무를 벤 적이 없어요. 쓰러져 죽은 나무로만 목재를 만들었습니다. 아름다운 요세미티의 자연을 반드시 보호해야 합니다."

존 뮤어의 토막 인터뷰

1903년 5월이었죠? 요세미티에서 루스벨트 대통령과 3일 동안 무얼 하며 보냈나요?

텐트를 치고 야영을 했어요. 첫날은 세쿼이아 숲을 천천히 둘러보며 많은 이야기를 나눴지요. 둘째 날은 말을 타고 골짜기가 내려다보이는 바위에 올라 아름다운 숲을 구경했어요. 셋째 날은 초원에서 바위 절벽에 비치는 햇살을 감상하고, 폭포 소리도 듣고, 차가운 호수에 발을 담가 보기도 했어요. 요세미티의 자연에 감명을 받은 루스벨트 대통령은 요세미티를 국립 공원으로 지정하기로 결심했지요.

대통령이 요세미티의 자연에 푹 빠졌구나!

존 뮤어의 노력으로 1890년 요세미티가 보호 지역으로 지정되었어. 하지만 보호 지역은 그리 넓지 않았어. 게다가 철저히 관리를 하지 않은 탓에 여전히 숲을 망가뜨리는 사람들이 있었지.

"난 요세미티에서 금을 캐서 부자가 될 거야."

"난 큰 나무를 베어 팔아 돈을 벌 거야."

"난 소를 키워 부자가 되어야지!"

이런 사람들이 많았거든.

존 뮤어는 더 많은 사람이 자연 보호에 관심을 두도록 단체 하나를 만들었어. 바로 '시에라 클럽'이야. 처음에는 산을 좋아하는 사람만 시에라 클럽 회원으로 활동했어. 그러나 시간이 갈수록 일반 사람들도 자연의 소중함을 깨닫고 회원으로 들어오기 시작했어. 회원 수는 날이 갈수록 늘어났단다.

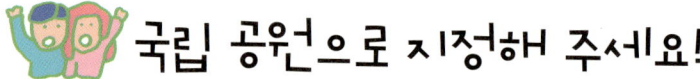# 국립 공원으로 지정해 주세요!

존 뮤어는 시에라 클럽 회원들과 함께 서부의 숲을 보호해 달라는 탄원서를 만들어 정부에 제출했어. 다행히 루스벨트 대통령도 숲의 보호를 중요하게 생각하고 있었단다.

친애하는 존 뮤어 선생께
나도 서부의 자연을 보호해야 한다고 생각합니다.
내가 서부의 숲과 강을 보러 가도 괜찮을까요?

루스벨트

1903년 5월, 존 뮤어는 루스벨트 대통령과 함께 차가운 물이 졸졸 흐르는 요세미티의 골짜기에 텐트를 쳤어. 텐트에서 야영하면서 함께 차를 마시고, 고기를 구워 먹고, 이야기를 나누고, 이곳저곳을 둘러보았어. 대통령은 힘차게 쏟아져 내리는 폭포를 보며 감탄하고, 커다란 나무 아래에서 콧노래를 부르고, 지나가는 사슴을 작은 소리로 불러 보기도 했어. 또 나무 그늘에 앉아 새소리를 듣고, 쿵쿵거리며

꽃향기를 맡고, 바위 위에 벌러덩 눕기도 했지.

"이곳은 정말 특별해요. 평생 잊지 못할 경험입니다. 요세미티야말로 최고예요!"

대통령도 존 뮤어처럼 요세미티에 홀딱 반한 거야. 존 뮤어는 때를 놓치지 않고 대통령에게 요세미티가 망가지지 않도록 정부가 철저히 관리해야 한다고 힘주어 말했어. 그러자 대통령이 고개를 끄덕였지. 그 결과 요세미티는 국립 공원으로 지정되었어. 뿐만 아니라 세쿼이아산, 라이너산, 그랜드 캐니언 등의 지역이 국립 공원으로 지정되는 데 결정적인 역할을 한 사람도 존 뮤어라고 할 수 있어. 그가 이끄는 시에라 클럽이 큰 힘을 보탰거든.

존 뮤어는 1914년 12월 24일에 숨을 거두기 전까지 자연 보호를 외치는 시에라 클럽의 회장으로 있었어.

시에라 클럽은 만들어진 지 100년이 넘었지만 지금도 활발하게 활동하고 있어. 회원이 늘고 또 늘어 무려 65만 명이 넘는단다.

한 걸음 더! 존 뮤어

 "탐험을 떠나자!"

 스코틀랜드에서 태어난 존 뮤어는 친구들과 함께 파도치는 해안의 언덕을 오르내리고, 오래된 던바성의 성벽을 아슬아슬 기어오르고, 동굴이나 시골을 돌아다니며 탐험하는 걸 아주 좋아했어. 하지만 열한 살이 되었을 때 가족과 함께 던바를 떠나 미국으로 이민을 갔어.

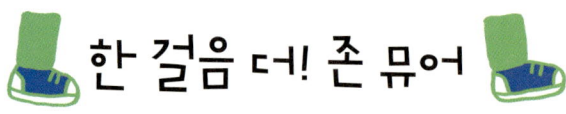 "사람들에게 도움이 되는 기계를 만들 거야."

 존 뮤어는 책을 많이 읽고 깊이 생각하여 여러 가지 발명품을 만들었어. 나무와 농기구로 만든 시계, 여러 개의 톱니바퀴를 이용해 기울일 수 있는 침대, 저절로 작동하는 톱 등을 만들었거든. 발명품 박람회에서 천재라는 찬사를 받으며 상을 타기도 했단다.

 "어떡하지? 아무것도 보이지 않아."

 존 뮤어는 공장에서 일하다가 뾰족한 쇠에 오른쪽 눈을

존 뮤어의 관련 자료를 분석하자!

❶ 1912년의 존 뮤어
❷ 1903년, 요세미티 계곡을 둘러보는 존 뮤어와 루스벨트 대통령

❸ 1년에 600명 정도만 방문할 수 있는 존 뮤어 트레일

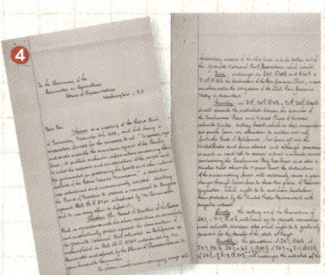

❹ 존 뮤어가 루스벨트 대통령에게 보낸 탄원서

존 뮤어 트레일, 가 보고 싶지 않니?

찔려 한쪽 눈의 시력을 잃고 말았어. 그러자 왼쪽 눈도 금세 나빠져 잘 볼 수 없게 되었지.

"이제 난 아무것도 볼 수 없는 걸까?"

그렇지 않았어. 치료를 받고 눈이 말끔히 나았거든.

"이제 자연과 함께할 거야!"

다친 눈이 낫자 존 뮤어는 자연과 함께하기로 마음먹고 여행을 떠났어. 산에 올라 나무를 관찰하고, 새를 관찰하고, 꽃을 보고……. 그렇게 요세미티까지 오게 된 거야. 존 뮤어는 요세미티를 자연 그대로 보존하기 위해 국립 공원으로 지정해 줄 것을 요청했고, 그 요청이 받아들여졌단다.

존 뮤어의 날

미국의 서부 캘리포니아주는 해마다 4월 21일을 '존 뮤어의 날'로 정했어. 존 뮤어가 아름다운 숲을 지켜 냈으니 기념하는 날을 만든 거야. 존 뮤어가 지켜 낸 요세미티엔 해마다 400만 명 넘는 관광객이 몰려들고 있어. 웅장한 바위, 절벽, 거대한 나무, 폭포, 곰, 야생화, 사슴……. 사람 마음을 사로잡는 것들이 아주 많기 때문이야.

미덕지 탐정의 네 번째 탐구 인물

제인 구달

출생 날짜: 1934년 4월 3일~
출생 지역: 영국 런던
직업: 동물 행동학자, 환경 운동가
주요 수상 내역: 알베르트 슈바이처상(1987년), 교토상(1990년), 에든버러 메달(1991년), 내셔널지오그래픽 소사이어티 허바드상(1995년), 벤저민 프랭클린 메달(2002년) 등

제인 구달의 주요 키워드

- 집요함
- 모험심
- 관찰력
- 인내심

멀리서도 침팬지를 알아보는 뛰어난 시력과 동물 보호를 위해 쉼 없이 움직이는 두 다리를 지켜볼 것!

제인 구달이 지구에 끼친 영향

동물도 인간처럼 지능, 성격이 있으며, 존중받아야 할 생명체라고 주장했다.

침팬지의 멸종을 막고 동물 복지에 대해 생각하게 했다.

'뿌리와 새싹' 활동을 통해 환경, 이웃, 동물에 대한 관심을 높였다.

와! 제인 구달 할머니는 아직 살아 계시잖아! 어서 만나 보자.

침팬지의 친구 제인

나의 친구 제인에게

제인, 안녕?

나는 요즘 아프리카 케냐에서 지내고 있어.

아프리카에 있으니 네가 너무 생각나.

넌 늘 아프리카에 가고 싶어 했잖아.

제인, 아프리카에 와서 나와 같이 지내지 않을래?

널 초대하는 거야.

아프리카 케냐에서 클로

제인의 친구 클로는 아프리카 케냐에서 살고 있었어. 클로 아빠가 그곳에서 농장을 하고 있었거든. 제인은 클로의 편지를 받고 너무나 기뻐서 잠을 이룰 수 없었어. 어릴 때부터 아프리카에서 동물들과 함께 지내고 싶었거든.

'아프리카에는 얼마나 많은 동물이 살까? 기린의 목은 얼마나 길까? 덩치가 커다란 코뿔소가 사뿐사뿐 걷는다는 게 사실일까? 깊은 숲에는 원숭이가 많을까? 얼룩말 무리가 달

★ 주요 활동 내역 ★

제인 구달,
모든 생명을 위하여!

❶ 동물도 도구를 사용한다는 사실을 처음으로 밝혀냈다. 이전까지는 사람만이 도구를 만들고 사용한다고 믿었다.

❷ 동물도 사람처럼 감정이 있는 생명체이므로 고통받지 않고 행복하게 살 권리가 있다고 주장했다.

❸ 이웃, 동물, 환경을 돕는 체험 봉사 단체 '뿌리와 새싹'을 만들었다.

작은 관심을 갖는 것부터 시작하는 거야.

리는 모습도 정말 멋지겠지?'

　책으로만 보던 아프리카의 숲과 동물들이 늘 궁금하던 참에 친구가 초대했으니 얼마나 좋았겠어? 클로의 편지를 읽자마자 제인은 초대해 줘서 정말 고맙다고 답장을 보냈어. 그러고는 아프리카로 가는 데 필요한 뱃삯과 생활비를 벌기 위해 열심히 일했어. 식당에서 음식을 나르기도 하고, 호텔에서 청소와 빨래도 하고, 우체국에서 편지를 배달하기도 했지. 돈이 되는 일은 뭐든 한 거야. 하루도 쉬지 않고 일하느라 몸은 힘들었지만, 아프리카에 대한 꿈은 점점 커져 갔단다.

　1957년 3월, 제인은 사랑하는 가족과 작별 인사를 했어. 드디어 그토록 가고 싶었던 아프리카로 떠나게 된 거야. 배는 힘찬 뱃고동 소리를 내며 출발했어.

　제인은 영국에서 출발해 3주가 지나서야 친구가 있는 곳에 닿을 수 있었어. 1957년 4월 3일, 제인은 자신의 스물세 번째 생일에 아프리카에서 친구를 만났지. 친구의 축하를 받으며 제인은 너무 기쁜 나머지 눈물까지 흘렸단다.

　"초대해 줘서 정말 고마워, 클로!"

침팬지가 너무 궁금해!

제인은 아프리카의 초원에 홀딱 반하고 말았어.

"아프리카는 정말 환상적인 곳이야! 버빗원숭이, 붉은꼬리원숭이, 왕도마뱀…… 온갖 동물들이 있잖아."

제인은 숲에 가면 들뜬 목소리로 쉬지 않고 이야기했어. 물론 동물들이 놀라지 않게 아주 작은 소리로 말이야. 그런데 어느 날 친구가 이러는 거야.

"제인, 자연사 박물관의 리키 박사님을 만나 보면 어때? 동물과 관련된 일자리를 구할 수 있을지 몰라."

"정말이야? 클로, 진짜 고마워."

다음 날 제인은 리키 박사님을 찾아갔어. 리키 박사님은 흔쾌히 제인에게 함께 일하자고 했지. 제인이 동물을 얼마나 좋아하는지 금세 알 수 있었거든.

제인이 리키 박사님과 일하기 시작하고 몇 달이 지났을 때야. 리키 박사님이 제인에게 침팬지에 대해 연구해 보면 좋겠다고 했고 제인은 바로 승낙했지.

다음 날부터 제인은 침팬지를 찾으러 날마다 곰베 숲으로

제인 구달의 토막 인터뷰

1977년에 설립한 '제인 구달 연구소'에서 하는 일을 소개해 주세요.

'제인 구달 연구소'는 침팬지뿐 아니라 야생 동물이나 멸종 위기에 놓인 동물을 연구, 교육, 보호하고, 동물이 잘 살 수 있도록 환경을 지키는 일을 해요. 이 모든 것은 결국 사람을 구하는 일이기도 하죠.

결국 사람을 구하는 일이라는 말이 인상적이야.

갔어. 그런데 아무리 돌아다녀도 만날 수 없는 거야.

제인은 침팬지를 찾아다니다 표범이나 독뱀을 만나 벌벌 떨기도 했어. 나무 가시에 찔려 피가 나기도 하고, 벌레에 물려 팔이 퉁퉁 붓기도 했지. 온갖 어려움 속에서도 제인은 끈기 있게 침팬지를 찾아다녔고, 결국 만날 수 있었단다.

침팬지를 쉽게 찾지 못했던 건 침팬지들이 숨었기 때문이야. 하지만 여러 날이 지나자 침팬지들도 제인이 위험하지 않다고 생각하고 나타난 거야. 그 뒤로 제인은 날마다 높은 곳에 올라 온종일 침팬지를 관찰했어. 그림도 그려 가며 하나하나 꼼꼼하게 기록했지. 하루, 이틀, 사흘……. 그러는 사이 침팬지에 대해 많은 것을 알게 되었단다.

'침팬지도 가족과 함께 살며, 서로 껴안고 뽀뽀도 해. 먹을 것이 있으면 사이좋게 나눠 먹기도 하고. 땅이 젖어 있으

면 두 발로 걷기도 하지. 저녁이 되면 나무 위에 포근한 잠자리를 만들어. 가끔은 흥분해서 마구 뛰어다니고, 소리 지르며 때리기도 해. 침팬지는 채식만 하는 게 아니라 고기를 먹기도 하지. 마치 사람 같아.'

 제인은 어느 날 침팬지가 풀 줄기를 꺾어다가 흰개미굴에

넣어 개미들을 꺼내서 맛있게 먹는 걸 보고 깜짝 놀랐어. 이때껏 사람만이 도구를 사용할 수 있다고 믿었거든.

"세상에, 침팬지가 도구를 사용할 줄 알잖아!"

제인은 사람들에게 침팬지가 도구를 어떻게 사용하는지 자세히 알려 주었고, 사람들은 침팬지가 도구를 사용할 줄 안다는 사실에 깜짝 놀랐단다.

제인이 침팬지를 관찰하는 시간이 늘어날수록 침팬지와 제인의 사이가 가까워졌어. 한참이 지나자 침팬지들은 제인이 머무는 텐트로 찾아왔고 친구가 되었지.

"멋진 데이비드, 늙은 폴로, 폴로의 아가는 피피……."

제인은 침팬지들에게 일일이 이름을 지어 주고, 바나나를 나눠 주며 고맙다고 했어. 언제부턴가 침팬지들도 제인을 무척이나 좋아했어. 침팬지들은 제인과 손을 맞잡고, 껴안고, 볼을 비비고, 바나나를 나눠 먹는 사이가 되었어. 침팬지를 사랑하는 제인은 여전히 침팬지가 사는 곰베 숲에 가는 걸 아주 좋아한단다.

동물을 보호합시다!

　제인은 침팬지를 보호하기 위해 여러 가지 일을 했어. 침팬지에 관한 책을 써서 많은 사람에게 알리고, 캠페인을 벌이고, 과학자들과 토론하고, 나라의 관리들에게 침팬지를 사고파는 것을 금지해 달라고 부탁하고, 환경 단체 사람들을 만나고, 곳곳으로 강연을 다니기도 했지. 침팬지의 수가 자꾸 줄어들고 있거든.

　침팬지는 왜 자꾸 줄어들까?

　첫째, 사람들이 침팬지가 사는 숲을 망가뜨리기 때문이야. 살 곳이 적당하지 않으니 수가 줄어들 수밖에.

　둘째, 침팬지 고기를 좋아하는 사람들 때문이야. 침팬지를 몰래 잡아다 고기로 팔거든.

　셋째, 돼지나 영양 같은 동물을 잡으려고 놓은 덫 때문이야. 그 덫에 걸려 죽기도 하거든. 버둥거리다 팔이나 다리가 잘리기도 하고.

　넷째, 침팬지를 애완동물로 키우려는 사람들 때문이야. 그 사람들을 위해 밀렵꾼들이 침팬지를 잡고 있거든.

언젠가 제인은 침팬지를 연구하는 곳에 갔다가 눈물을 주르륵 흘리기도 했어. 침팬지들이 쇠창살이 달린 작은 상자에 갇혀 있었거든. 움직이기도 어려운 작은 상자에 말이야. 그 모습에 충격을 받은 제인은 연구소 사람들에게 침팬지가 어떻게 사는지 차근차근 이야기했어. 침팬지의 삶도 우리와 다르지 않다는 걸 알려 침팬지의 사육 환경을 개선하고 싶었거든. 다행히 제인의 이야기를 들은 과학자들이 이렇게 말했단다.

"침팬지 우리를 넓혀 줍시다."

"어린 침팬지에겐 장난감도 넣어 줍시다."

제인 덕분에 동물의 생활 환경이 전보다 나아진 거야. 동물 사랑을 외치는 제인 덕분에 많은 것이 변하기 시작했어. 사람들이 동물의 행복을 생각하기 시작했고, 동물 복지법도 만들어졌거든. 동물 복지법은 동물을 학대하거나 함부로 죽이면 안 되고, 각 동물의 특성에 맞게 다뤄야 한다는 내용으로 되어 있어. 사람과 동물 모두가 행복한 세상이 되어야 하니까.

제인은 과학에 큰 공을 세운 사람에게 주는 '교토상'도 받았지. 또 여러 권의 책을 내기도 했단다.

지금도 제인은 동물 보호, 환경 보호를 위해 글을 쓰고, 전 세계를 돌아다니며 강연을 하고 있어.

 # 한 걸음 더! 제인 구달

 '닭은 알을 어떻게 낳을까?'

제인이 다섯 살 때 일이었어. 제인은 닭장으로 들어가 짚 더미 속에 웅크리고 앉아 암탉이 알을 낳기를 기다렸어. 다섯 시간 동안이나! 그사이 가족들은 제인을 찾아 온 동네를 뒤졌고, 결국 경찰에 신고까지 했지. 모두가 제인을 찾아다니던 때 제인이 닭장에서 나오며 소리쳤어.

"엄마, 닭이 알을 어떻게 낳는지 알았어요!"

제인은 어릴 때부터 동물 관찰하는 것을 좋아했대.

"악어 클럽으로 오세요!"

열네 살 때 제인은 '악어 클럽'이라는 모임을 만들었어. 클럽에 속한 사람은 자신의 이름 대신 바다오리, 송어, 코브라 등 동물 이름으로 별명을 지었어. 악어 클럽 회원들은 자연을 관찰하며 놀기를 즐겼지.

제인은 달팽이를 키우며 달리기 경주를 시켰고, 박물관을 만들어 조개껍데기, 버섯, 박제한 새 등을 전시하기도 했어.

제인 구달의 관련 자료를 분석하자!

❶ 2015년의 제인 구달
❷ 2006년, 중국 베이징에서 제인 구달이 '뿌리와 새싹' 회원들과 이야기를 나누고 있다.

❸ 곰베강 국립 공원에서 제인 구달이 침팬지에게 먹이를 주던 곳

❹ 제인 구달은 많은 책을 써서 사람들이 자연스럽게 동물을 생명체로서 존중할 수 있도록 했다.

요즘도 활발히 활동하고 있지.

박물관을 관람한 사람들에게 기부 받은 돈으로 늙은 말을 구해 주기도 했단다.

"제인 구달 연구소입니다!"

제인이 침팬지를 연구하던 캠프가 1977년 '제인 구달 연구소'로 발전했어. 제인 구달 연구소는 침팬지를 비롯해 다른 야생 동물들을 보호하기 위한 여러 가지 일을 하고 있어. 아프리카 주민에게 동물과 함께 살아가는 방법을 알려 주고, 위기에 놓인 야생 동물들을 보호하는 방법을 찾아보고, 동물 복지를 위해 노력하고 있는 거야.

"체험 봉사 단체 '뿌리와 새싹'과 함께 지구를 지켜요!"

제인은 자연과 함께 살아가기 위한 운동으로 '뿌리와 새싹'에 힘을 쏟고 있어. 환경에 관심 있는 사람이라면 어린이부터 성인까지 누구나 참여할 수 있는 환경 운동 단체야. '뿌리와 새싹'은 유럽 전체, 미국, 캐나다, 오스트레일리아, 일본, 아프리카, 한국 등 여러 나라에서 활발하게 활동하고 있어. 환경을 위해 할 수 있는 일을 찾아 함께 해 보는 건 어떨까? 지구 환경을 위해 파이팅!

★책을 읽고 나서★

1. 알쏭달쏭 낱말 퀴즈

① 폭우나 지진, 화산 등으로 산 중턱의 바윗돌이나 흙이 갑자기 무너져 내리는 현상.

② 사정을 이야기하며 도와주기를 간절히 바라는 글이나 문서.

③ 인기가 높아서 일정 기간 동안 아주 잘 팔린 책.

④ 자연계를 구성하는 것들과 자연의 역사에 관한 자료를 다루는 박물관.

2. 요세미티의 밀렵꾼들이 곰을 괴롭혔어요. 화난 곰을 피해 미로를 탈출하세요.

3. 다음 중 누구의 몸에 디디티가 가장 많이 쌓이게 될까요? (   )

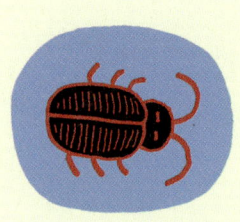  

① 디디티로 죽은 벌레   ② 그 벌레를 먹고 사는 물고기   ③ 그 물고기를 먹고 사는 사람

4. 다음 중 제인 구달이 어릴 때 만든 클럽 이름은 무엇일까요? (   )

① 지렁이 클럽   ② 침팬지 클럽

③ 늑대 클럽   ④ 악어 클럽

5. 줄기와 가지뿐인 나무를 예쁘게 꾸며 주세요.

환경 운동가 조사 보고서

작성자 미래 탐정 미덕지

작성일 2018년 12월 31일

조사 목적 우리 아이들에게 환경 오염의 심각성을 알리고 환경을 보호하기 위해 멋진 활동을 한 환경 운동가들을 소개한다.

조사 내용 레이첼 카슨, 왕가리 마타이, 존 뮤어, 제인 구달

조사 결과 아이들이 환경 오염을 줄이기 위해 실천할 수 있는 방법을 스스로 고민했다. 앞으로 즐겁고도 오래 지속적으로 할 수 있는 환경 운동을 고민해 보는 계기가 되었으면 좋겠다. 더불어 환경 운동가들의 배울 만한 점들을 가슴에 새기고 멋진 어른으로 성장해 나갔으면 좋겠다.

'책을 읽고 나서' 정답

1. 알쏭달쏭 낱말 퀴즈

① 산사태 ② 탄원서
③ 베스트셀러 ④ 자연사 박물관

2. 요세미티의 밀렵꾼들이 곰을 괴롭혔어요. 화난 곰을 피해 미로를 탈출하세요.

3. 다음 중 누구의 몸에 디디티가 가장 많이 쌓이게 될까요? (③)

4. 다음 중 제인 구달이 어릴 때 만든 클럽 이름은 무엇일까요? (④)

위기일발 지구를 구한
감동의 환경 운동가들

2018년 12월 28일 1판 1쇄
2022년 5월 31일 1판 2쇄

글쓴이: 유다정 | 그린이: 우지현

편집: 최일주, 이혜정, 김인혜 | 교정·교열: 한지연 | 디자인: 진예리 | 제작: 박흥기
마케팅: 이병규, 이민정, 최다은 | 홍보: 조민희, 강효원 | 인쇄: 코리아피앤피 | 제책: J&D바인텍

펴낸이: 강맑실 | 펴낸곳: (주)사계절출판사 | 등록: 제406-2003-034호 | 주소: (우)10881 경기도 파주시 회동길 252 | 전화: 031)955-8588, 8558 | 전송: 마케팅부 031)955-8595 편집부 031)955-8596 | 홈페이지: www.sakyejul.net | 전자우편: skj@sakyejul.com | 페이스북: facebook.com/sakyejulkid | 인스타그램: instagram.com/sakyejulkid | 블로그: blog.naver.com/skjmail

ⓒ 유다정, 우지현 2018

사진: 25쪽 레이첼 카슨, 미군 비행기와 디디티, 《침묵의 봄》, 디디티 스프레이, 45쪽 왕가리 마타이, 우후루 공원, 카루라 숲, 피츠버그 대학교 정원, 63쪽 존 뮤어, 존 뮤어와 루스벨트 대통령, 존 뮤어 트레일, 존 뮤어가 루스벨트 대통령에게 보낸 탄원서, 83쪽 제인 구달, 제인 구달과 '뿌리와 새싹' 회원들, 곰베강 국립 공원에서 제인 구달이 먹이 주던 장소, 제인 구달의 저서 ⓒ 위키미디어 공용

값은 뒤표지에 적혀 있습니다. 잘못 만든 책은 구입하신 서점에서 바꾸어 드립니다.
사계절출판사는 성장의 의미를 생각합니다. 사계절출판사는 독자 여러분의 의견에 늘 귀 기울이고 있습니다.
이 책은 저작권법에 따라 보호받는 저작물이므로 무단전재와 무단복제를 금합니다.

ISBN 979-11-6094-411-2 73990
ISBN 979-11-6094-394-8 (세트)

*이 책은 경기도, 경기문화재단, 한국문화예술위원회의 문예진흥기금을 보조받아 발간되었습니다.